Како да преживиш ако си девојчица

Едиција *Мала психологија*
прво издање

Назив оригинала:
Emmanuelle Rigon & Bernadette Costa-Prades
Comment survivre quand on est fille

Илустровао
Жак Азам (Jacques Azam)

Уредник
Наталија Панић

Лектор
Ивана Игњатовић

Издаје
Креативни центар
Београд, Градиштанска 8
тел.: 011 / 38 20 464, 38 20 483, 24 40 659
www.kreativnicentar.rs
e-mail: info@kreativnicentar.rs

За издавача
Љиљана Маринковић

Штампа
Публикум

Тираж
3.000

Мојој ћерки Жозефини, наравно, али и мом сину Пјеру Антонину,
да би боље упознао девојчице...
Е. Р.

Мојим ћеркама Соњи и Ани и свим другарицама које су ми
помогле да преживим кад сам била девојчица.
Б. К.-П.

CIP - Каталогизација у публикацији
Народна библиотека Србије, Београд

159.922.73-055.2(035)

РИГОН, Емануел
Како да преживиш ако си девојчица / Емануел Ригон и Бернадет Коста-Прад ; [илустровао Jacques Azam] ; превела с француског Весна Мостарица. - 1. изд. - Београд : Креативни центар, 2010 (Београд : Публикум). - 136 стр. : илустр. ; 23 cm. - (Едиција Мала психологија / Креативни центар, Београд)

Превод дела: Comment survivre quand on est fille / Emmanuelle Rigon & Bernadette Costa-Prades. - Тираж 3.000.

ISBN 978-86-7781-796-1
1. Коста-Прад, Бернадет [аутор]
а) Пубертет - Девојчице - Психолошки аспект - Приручници
COBISS.SR-ID 178617100

Емануел Ригон и Бернадет Коста-Прад

Како да преживиш ако си девојчица

Превела с француског
Весна Мостарица

Креативни центар

САДРЖАЈ

Предговор

Дивно је бити девојчица!

Док одрасташ, откриваш нове могућности у животу. Твој однос према другима се мења. Понекад ти је највећи савезник мајка, понекад си блискија с другарицама, дечаци те све више привлаче.

Желиш да радиш много тога, правиш планове, а пре свега се питаш каква би жена желела да постанеш...

Није увек лако бити девојчица...

Раније ниси обраћала много пажње на своје тело, а сада се одједном у њему понекад осећаш нелагодно! Његов облик се мења и много је компликованије гледати како ти расту груди, како добијаш прве менструације него што си могла и да замислиш. Понекад те збуњују туђи погледи. Још увек се осећаш као дете, а истовремено силно желиш да одрастеш: желиш да те оставе на миру док си у купатилу, волела би да излазиш сама, да сасвим слободно телефонираш другарицама. А родитељи то понекад тешко прихватају.

Однос с дечацима уопште није исти као раније. Однедавно мислиш да су помало блесави и имаш утисак да не говорите истим језиком.

Полако, без панике!

У овој књизи пронаћи ћеш решења за све своје мале бриге и праве проблеме. Она ће ти помоћи да „преживиш" као девојчица.

А када је прочиташ, позајми је друговима да би те мало боље упознали!

Сви дечаци гледају моју другарицу

У разреду увек постоји нека девојчица која има великог успеха код дечака. Можда зато што изгледа старије или зато што је врло опуштена. Укратко, она има особине које се допадају дечацима твог узраста.

Не привлачиш их ти мање, него их она привлачи више – у томе је разлика... Уосталом, ти си изабрала управо њу за другарицу. Да ли верујеш у себе? Да случајно њој не приписујеш све врлине света, а себи све

мане? Да ли ти се то дешава са свим другарицама? Често се догађа да се дечацима много допадне девојчица која баш то жели да постигне. Твоја другарица се сигурно шминка или носи одећу која привлачи пажњу. А ти? Теби можда сад нимало није стало до тога. То је у реду. Није потребно да у тим годинама будеш велика заводница; имаћеш времена да шармираш дечаке! Или би ипак волела да будеш допадљива, али ти то некако не полази за руком? Само полако. Погледај фотографије чувених глумица из времена када су имале једанаест или дванаест година. Нису биле тако блиставе и женствене као што су данас.

Ти си на потезу!

☺ Немој да чучиш намрштена у неком ћошку и уздишеш због тога што те нико не гледа! Девојчице које се допадају дечацима понашају се опуштено и могу бити привлачне због тога, а не због свог изгледа.

Ти си на потезу! (наставак)

Да ли би се теби свидели дечаци које заводи твоја другарица? Јеси ли размишљала о томе? Понекад човек тугује за нечим што у ствари не би желео да има. Зар не мислиш да је то помало глупаво?

ЗЛАТНО ПРАВИЛО

Завођење је често питање времена.

Никад нисам пољубила неког дечка. Да ли је то страшно?

Није. Било би без везе да пољубиш неког дечка ако то заиста не желиш.

У ствари, још ниси упознала дечака који би ти се свидео толико да би се с њим пољубила. Нема разлога да себе тераш на то. Не желиш ваљда да урадиш тако нешто само зато што то раде твоје другарице? То би било глупо. Ако би неког пољубила тек тако, само да би видела како то изгледа, може ти бити одвратно. Љубљење у уста представља

велику блискост, први корак ка сексуалности, а ти се не осећаш спремном за тако нешто. Стога сачекај прави тренутак, не жури – читав живот је пред тобом!

Ти си на потезу!

- Немој да дозволиш да те задиве другарице које често измишљају. Оне се хвалишу, а с дечацима су се љубиле исто колико и ти!
- Одбацују те због тога? Пронађи друге другарице, те баш и нису занимљиве.
- Усуди се да се разликујеш од њих тако што ћеш јасно и гласно изјавити да чекаш да упознаш дечка који ће ти се свидети. У погледу те теме, као и свих осталих које се тичу твог тела и твоје приватности, немој да се поводиш за другима под изговором да то *сви раде*. Ниси овца.

ЗЛАТНО ПРАВИЛО

Није никакав подвиг пољубити неког дечка.

Мислим да су дечаци прави идиоти

Буди сигурна да и они често исто то мисле о девојчицама! Не растете истим темпом, па девојчице мисле да су дечаци мало глупави, а исто то и дечаци мисле о девојчицама.

Сигурно си приметила да теме које интересују тебе и твоје другарице нису занимљиве дечацима, и обрнуто. У вашем узрасту долази до извесног раздвајања дечака и девојчица. Ти сигурно сматраш да су дечаци помало детињасти. Они су, с друге стране, изненађени и збуњени променама које при-

међују на девојчицама, па вам се ругају. Али за неколико година – видећеш – нећеш мислити да су баш толики идиоти... Пошто сте на различитим таласним дужинама, с њима ређе разговараш него када си била млађа. Резултат је то да се девојчице и дечаци мање познају. А пошто непознатом не верујемо, критикујемо га и подсмевамо му се да бисмо се од њега одбранили.

Ти си на потезу!

☺ Како би било да у школи организујеш дебату о односима девојчица и дечака? То би вам омогућило да се боље упознате и откријете једни код других скривене врлине. Наравно, наравно да их и дечаци имају! Видећеш, други нас увек чине богатијим, чак и када се разликују од нас.

☺ Мислиш да су сви дечаци никакви? Хајде, погледај боље, у твом разреду или у комшилуку сигурно постоји неки дечак који ти је симпатичан. Ступи у контакт с њим да би боље упознала и разумела дечаке.

Ти си на потезу! (наставак)

Дечаци су често већи глупани када су у групи него кад су сами. Уосталом, исто је и с девојчицама. Зар мислиш да њих не вређа кад им се подсмеваш с другарицама? Кад вас виде како им се смејете, они сигурно мисле да сте ви идиоткиње.

Ти си на потезу! (наставак)

Да се не би подигао зид између девојчица и дечака, покушај да нађеш неутралне теме, оне које се свиђају и једнима и другима: можете да разговарате о видео играма, музици, спортовима, актуелним темама, лектири итд.

ЗЛАТНО ПРАВИЛО

Бити другачији не значи бити идиот.

Волим га, али се не усуђујем да му то кажем

Можда си у праву што не журиш. Треба да одмериш добро ту изјаву пре него што је изговориш. И да будеш сигурна и у себе и у њега!

Запазила си неког дечка за кога мислиш да има све најбоље особине на свету и желиш да будеш све време с њим. Нема сумње, ти га волиш и дивно је открити то ново осећање. Као да имаш крила! Питаш се да ли треба да му кажеш да си луда за њим – одмах и овде. Препоручујемо ти мало

опреза. Не због неког калкулисања, већ зато што у вашем узрасту реч *љубав* помало плаши дечаке. Може се десити да неће знати шта да ти одговори и да му буде непријатно.

Ти си на потезу!

☺ Лепо вам је кад сте заједно? Уживај у томе! Ако се не усуђујеш да му кажеш да га волиш, можда се једноставно плашиш да би твоја изјава могла да разбије нешто што постоји међу вама. Ако сумњаш, можда је боље да сачекаш да он то теби први каже.

Ти си на потезу! (наставак)

☺ Постоји хиљаду и један начин на који му можеш показати своја осећања, уместо да одмах употребиш јаке речи. Заинтересуј се за оно чиме се он бави. Сигурно ће ценити твоје напоре.

Ти си на потезу! (наставак)

- Можда се међу вама још увек ништа не дешава и ти се питаш како да му ставиш до знања да ти се свиђа? Можеш му осмехом показати да си срећна кад си поред њега. Такође, можеш да пошаљеш неку другарицу да мало „испита" његова осећања према теби. Изабери неку заиста добру другарицу, неку која неће упропастити твој план зближавања с њим. У таквој ситуацији треба имати такта и бити дипломата.

- Већ шест месеци гледаш све тениске мечеве за којима он лудује, помажеш му у домаћим задацима из математике, а и даље се ништа не дешава? Вероватно ипак треба да се заинтересујеш за неког другог…

ЗЛАТНО ПРАВИЛО

Осећања се могу изразити и без речи.

Треба да носим протезу! Ужас!

Протеза треба да исправи твоје зубе како би ти осмех био леп. Видиш, свакако се вреди потрудити.

Осврни се око себе. Много твојих вршњака мора да носи протезу. Реци искрено: да ли је ружније носити протезу или имати криве зубе? Ружне зубе имаћеш читавог живота, а протезу ћеш носити само неколико месеци. Замоли свог зубара да ти што прецизније каже колико дуго треба да је носиш и чему она заправо служи. Потребно је да

то знаш да би могла да је истрпиш. Не мислиш да су ти зуби толико ружни и не схваташ зашто мораш да се мучиш са свим тим? Понекад постоји проблем који се не види, на пример превише уска вилица, и протеза ипак мора да се стави. То код тебе није тако? Свеједно, треба да имаш поверења у зубара. Можда он или твоји родитељи мисле да је за тебе боље да носиш протезу, а теби се свиђа како изгледају твоји зуби. Ако имаш само два мало крива или размакнута зуба и то ти не смета, можда би вредело да поново поразговараш с њима.

Ти си на потезу!

☺ Ако ниси сигурна да треба да носиш протезу, питај друге за мишљење. Уосталом, можда ти протеза сада и није неопходна. Треба да знаш да се зуби могу исправити у било ком узрасту. Ако то не желиш сада, моћи ћеш касније.

Ти си на потезу! (наставак)

☺ Ако ти је протеза заиста неопходна, немој од тога правити драму. Данас су протезе често од пластике, па се много мање виде од металних. За два или три месеца више нећеш мислити о томе! Уз то, сигурно нећеш бити једина у школи с протезом. У сваком случају, то неће трајати дуго.

ЗЛАТНО ПРАВИЛО

Реч је о твом осмеху?
О томе може да се расправља.
Реч је о твом здрављу?
О томе се не расправља!

Живим само с једним родитељем и то ми тешко пада

Један од твојих родитеља је преминуо или су се можда твоји родитељи развели. Можда си одлучила да се преселиш код другог родитеља јер се не слажеш са оним с којим си до сада живела? Такав избор увек је тешко направити.

1. Живим само с татом

Понекад ти је та ситуација сасвим пријатна, а други пут ти је помало тешко. Што си старија, све је компликованије.

Постоји ризик да се нађеш у улози која ти не припада. Да разјаснимо: ниси ти свом тати женица, ти си његова ћерка. Иако вас је само двоје у кући, ви нисте пар, него породица. Ако преузмеш на себе обавезе око одржавања куће, па све време чистиш, переш судове и радиш све остало, можеш се наћи у улози која ти не припада. У ствари, уопште не треба да обављаш све те задатке сама. Ти такође ниси особа којој твој тата треба да се поверава. У процесу одрастања дете жели да се дистанцира од родитеља, а како си ти девојчица, та потреба је израженија у односу са оцем. То се, уосталом, дешава у свим породицама, било да се живи с једним, било са оба родитеља.

Ти си на потезу!

☺ Замоли тату да поново размотрите расподелу кућних послова, па направите распоред за наредну недељу. Као и у свим другим породицама, свако треба да преузме свој део посла.

Ти си на потезу! (наставак)

Твој тата треба да поштује твој простор – замоли га да увек куца пре него што уђе у твоју собу или у купатило. Он ће свакако разумети ту нову потребу за приватношћу.

Ти си на потезу! (наставак)

Важно је да не будете стално сами. Затражи од тате да у госте позове друге чланове ваше породице – твоју тетку, куму, рођаке – и, свакако, твоје пријатеље.

Ти си на потезу! (наставак)

Не дури се кад он позове неку пријатељицу. Напротив, радуј се! Лакше је живети са срећним татом!

ЗЛАТНО ПРАВИЛО

Отворите врата своје куће за госте.

2. Живим само с мамом

Ако живиш само с мамом, постоје велике шансе да се превише вежете једна за другу или да, напротив, почнете стално да се свађате.

Од када живиш сама с мамом, од малена или од пре неколико месеци? Ако већ дуго живите саме, не схваташ зашто је то одједном почело да те нервира кад си раније била задовољна? Сада све више желиш да будеш самостална, да се бавиш својим активностима, другачијим од оних којима се бави твоја мама. Нема разлога да се осећаш кривом. Ниси је издала, већ једноставно – одрасташ.

Уосталом, кад твоја мама буде видела да ти је мање потребна, биће задовољна, осећаће се слободније и моћи ће више да се посвети властитом животу, да се виђа с пријатељима. А ако живиш сама с мамом тек неколико месеци, то је тешко, као и све оно на шта се још ниси привикла. Твој тата више није ту да би могао да се умеша, упућене сте једна на другу, а то увек помало гуши. А шта ради онај који осећа да му недостаје ваздуха? Он вапи да би до њега дошао!

Ти си на потезу!

☺ Мислиш да је твоја мама мање или више крива због одласка твог тате и зато си непријатна према њој? Треба да знаш да су односи међу родитељима сложени и да дете тешко може да схвати узроке развода. Не мешај се у то и покушај да не стајеш на било чију страну, иначе ћеш бити несрећна. За твоје одрастање важно је да волиш оба своја родитеља.

Ти си на потезу! (наставак)

☺ Не оптужуј своју маму да је одговорна за све оно што не иде како треба. Њој је већ довољно тешко и нема потребе да се због тебе осећа још горе!

Ти си на потезу! (наставак)

☺ Можда, напротив, замераш тати што је отишао и сматраш својом обавезом да утешиш маму? Само полако. Живи свој живот, ниси ти мамина пријатељица. Она ће, свакако, наћи неког одраслог коме ће се поверити. Ниси ти та која треба да је теши. А кад буде видела да си срећна, расположење ће јој се поправити!

ЗЛАТНО ПРАВИЛО

Можеш да будеш блиска с мамом иако се сасвим разликујете једна од друге.

Нервира ме кад ме сви дечаци гледају

Ех, да ли си баш сигурна? Лепо је кад се допадаш другима. Изузев ако буље превише, па ти је због тих погледа непријатно.

Имаш веома лепе очи, или једина у разреду имаш велике груди, или једина носиш екстравагантну одећу. Укратко, нешто на

теби свиђа се дечацима. То није велики проблем – већина твојих другарица волела би да их дечаци гледају. Али се теби то не допада. Зато што не желиш да привлачиш дечаке само својим грудима или својим изгледом. Разумемо те, подједнако је важно да им се свиђаш и због оних својих невидљивих добрих особина, као што су смисао за хумор, интелигенција, храброст, великодушност или нежност. Али, да би то ценили, морају мало боље да те упознају… Ти дечаци су старији од тебе и добацују ти нешто што те збуњује? У том случају, нормално је што се осећаш непријатно. Постоји извесна разлика између онога што говоре и тога како ти то звучи. Сматраш да си сад превише млада да би се допадала дечацима – само ти можеш да процениш када је време за то.

Ти си на потезу!

Пази на свој избор гардеробе. Неки одевни предмети, који ти иначе добро стоје, могли би дечацима да делују изазовно, а да ти тога и ниси свесна.

Ти си на потезу! (наставак)

Док одрасташ, треба да мењаш неке навике у понашању. На пример, кад загрлиш неког друга или се с њим гуркаш, он би могао да помисли да му тако шаљеш поруку на коју ти и не помишљаш.

А да ниси мало претерала? Требало би да ти њихово интересовање ласка. Уосталом, кад те уопште не би гледали, ти би сигурно опет гунђала (види: *Сви дечаци гледају моју другарицу*).

ЗЛАТНО ПРАВИЛО

Пријатно је када постоје добри разлози за то што се неком свиђаш.

Тату занима само мој брат

Јеси ли сигурна у то? Можда је то само твој утисак. Понекад се очеви понашају неспретно према ћеркама, поготово док оне одрастају.

Твој тата се с твојим братом бави неким спортом, с њим игра видео игре, разговарају о моторима или аутомобилима... Толико много тема које тебе не занимају. Можда твој брат има утисак да ти и мама стално разговарате о одећи или да нешто сплеткарите у купатилу и осећа се искљученим. Питај га, па ћеш видети! Често се дешава да у неком узрасту отац боље разуме сина, а мајка ћерку. Твом тати је пријатније с твојим

братом зато што су истог пола. А ти имаш утисак да се више не интересује за тебе. У ствари, он не зна како да се понаша према теби сад, кад си порасла. Раније се с тобом рвао, а сад се више не усуђује да то ради.

Ти си на потезу!

☺ Предложи тати неку другу врсту забаве, на пример биоскоп, џогинг или неку друштвену игру. Тате су често неспретне. Ти учини први корак!

☺ Ако осећаш да му не пријају *женске теме* – шминкање, мода – немој да започињеш с њим причу о томе. Остави те теме за маму, сестру, другарице...

Ти си на потезу! (наставак)

☺ Повери се мами, она би могла да поразговара с татом. Он можда нема појма о томе да патиш због његовог понашања.

Ти си на потезу! (наставак)

Да ли твој тата све време ружно говори о женама? То ти тешко пада јер стичеш утисак да је глупо бити девојчица, да то уопште није занимљиво. Прекинућемо те одмах у тим размишљањима: није боље бити дечак него девојчица, а ако твој тата пролази кроз неку кризу, па је љут на све жене, то није разлог да мислиш да се његове речи односе на тебе. Разговарај о томе с неким из породице, с неким у кога имаш поверења. Потребно је да нека одрасла особа каже твом тати да те погађа то што он говори о женама на тај начин. Можда он тренутно има проблема са женама, па се зато тако понаша, а ти си се само нашла усред тога. Ту, међутим, није реч о теби. Увиђаш ли ту фину разлику?

ЗЛАТНО ПРАВИЛО

Покажи тати да си способна, даровита девојчица.

Имам менструацију, то није пријатно

Нећемо ти рећи да је пријатно, јер то није права реч. Међутим, постоји много начина на које се те непријатности могу ублажити. Онда ћеш моћи да уживаш у предностима које она доноси.

Свакако већ знаш да редовне менструације значе да ћеш касније моћи да имаш децу ако то будеш желела. То такође значи и да твој раст тече како треба и да си на путу да постанеш девојка. Распитај се мало код старијих другарица којима се допало то што

имају менструацију, као и код оних којима није. Иначе, девојчице које међу првима у разреду добију менструацију обично су због тога поносне.

Мислиш да си премлада? Не оклевај да о томе поразговараш с мамом. Жене у једној породици обично добијају менструацију у истом узрасту, па поразговарајте о томе. Ако твоја мама сматра да је то непријатно или болно, можда на тебе нехотице преноси такав став према менструацији. Да ли је твоја старија сестра још нешто придодала? Сачекај да сама изградиш слику о свему томе. Љутиш се што дечаци немају ту бригу? То је тачно, али они ће морати да се брију сваког дана, што и није баш весело. Уз то, длаке на лицу не служе ничему важном, док менструација омогућује да се створи нов живот. Видиш, ниси баш такав губитник!

Ти си на потезу!

☺ Ако имаш болне или преобилне менструације, могла би да узимаш лекове да би то ублажила. Разговарај о томе с мамом или са школским лекаром.

Ти си на потезу! (наставак)

Изабери врсту уложака која ти одговара. Ако се бавиш спортом, у тим приликама можда би могла да ставиш тампон.

Ти си на потезу! (наставак)

Ако не желиш да стављаш тампоне, изабери ултратанак уложак, који се уопште не види испод панталона.

Ти си на потезу! (наставак)

Плашиш се да ће се то изненада догодити? Тачно је да су менструације у почетку нередовне, па је стога згодно да у торби увек имаш мали уложак, у случају да... Он не заузима много места, а ти ћеш бити спокојна.

ЗЛАТНО ПРАВИЛО

Бесмислено је борити се против природних појава!

Плачем без разлога

Па добро, шта се дешава? На најмању примедбу – ти се давиш у сузама. Што је најгоре од свега, ти си прва због тога изненађена.

Чим те неко само попреко погледа, почну да теку потоци суза. Зашто? Разлог за то делимично је физиолошки. Док одрасташ, твоје тело се мења и женски хормони појачано се луче (види: *Имам менструацију, то није пријатно*). Због тога постајеш претерано осетљива и емотивна. Уз то, на путу си да напустиш свет детињства и закорачиш у доба адолесценције, а то те можда помало

плаши. Зато користиш свој некадашњи језик, плачеш као беба да би те мама поново мазила. Па добро, теше те. Није лоше да се помало мазиш, све док то не почнеш да злоупотребљаваш. Можда си недавно доживела неку велику промену у животу (развод родитеља, селидбу, прелазак у другу школу) или си претрпела разочарење у љубави или пријатељству. Тада си то поднела, контролисала си се, а сада не можеш више да задржиш накупљене сузе. Један писац изрекао је ову лепу мисао: *Немојте ме продрмати, пун сам суза*. Сада се то догађа с тобом.

Ти си на потезу!

☺ Добро је повремено се исплакати. Али немој да претвориш плакање у редовну појаву. Увек је боље настојати да се пронађу речи како би се исказало оно што нам смета. То важи и за период одрастања.

Ти си на потезу! (наставак)

Пази! Ако често плачеш, ако немаш никаквих жеља, лоше једеш и спаваш – можда си у депресији. То је стање које треба да се лечи јер, у противном, постоји ризик да ће трајати дуго. Разговарај о томе с родитељима или са школским лекаром и немој се у таквом очајању препуштати самоћи. То је превише тешко за тебе.

ЗЛАТНО ПРАВИЛО

Твоје сузе говоре о теби – слушај их.

Не желим да идем на базен с дечацима

Проблем је у томе што немаш избора јер је то део школског програма. А како би било да покушаш да ту ситуацију прихватиш са осмехом?

Незгодно је то на базену... Показујете се у купаћим костимима пред друговима који вас обично виде обучене, па је разумљиво што се осећате помало непријатно. Дечаци посебно умеју да буду незгодни, да се под-

смевају, добацују... Јесу ли они идиоти? О чему је ту заправо реч? До тога долази зато што се девојчице формирају пре дечака, а тај физички преображај дечаке много занима и збуњује. Да би то прикрили, они се церекају. Зато што се сада осећаш помало непријатно у свом телу, чини ти се да ће сви погледи бити уперени у тебе. Не мора да значи да ће бити тако. Пре свега, бићеш у групи и нећеш бити једина у купаћем костиму. Затим, највећи део времена провешћеш у води. Колико дуго ћеш бити изложена погледима? Свега неколико минута – од изласка из свлачионице па док не уђеш у воду. Не треба због тога да правиш драму, а ни да тражиш поштеду. На првом часу пливања обично се сви загледају испод ока, а већ на другом више нико никог не примећује.

Ти си на потезу!

☺ Изабери купаћи костим у којем се не осећаш непријатно, ни премали, ни превелики. И боље је да не носиш дводелни костим с бретелама које стално спадају да се не би збуњивала...

Ти си на потезу! (наставак)

- Мислиш да си дебељуца? Изабери костим из једног дела, без великих цветова и без пруга. Поразговарај о тој својој неприлици с мамом. Она ће ти сигурно помоћи да изабереш купаћи костим који ти добро стоји.

Ти си на потезу! (наставак)

- Немој да се љутиш због смеха који чујеш. Не смеју се дечаци зато што си ти смешна, већ зато што су они збуњени...
- Понашај се што природније. Ако се, преплашеног израза лица, скриваш иза неког фротира, привући ћеш пажњу. Хајде, није сигурно да ће неко уопште приметити да ти груди расту.
- А зашто ти не искористиш прилику и осмотриш дечаке? Нема разлога да само букиш у плочице очекујући убиствене примедбе.

ЗЛАТНО ПРАВИЛО

Проблем често лежи баш у томе како посматрамо себе.

Никако да стекнем најбољу другарицу

Имаш ли другове и другарице? Да? Али ти би пре свега желела да имаш ону којој би могла да се повераваш. Имаш право, најбоља другарица је драгоценост.

Кад немаш најбољу другарицу, често се дешава да се дружиш час с једном, час с другом, не успевајући да привучеш пажњу неке од њих посебно. Имати најбољу другарицу значи направити избор у оквиру неке групе, а ти то не успеваш да изведеш. Добро се потруди јер међу твојим другарицама

можда постоји нека девојчица која би заслужила да понесе тај назив. Али ако желиш да се баш сваком свидиш, ти лепршаш унаоколо и не успеваш да се усталиш. Лепо је да си популарна, да те воли цео свет. Али, види, то с целим светом мало је превише и због тога данас патиш.

Ти си на потезу!

☺ Можда превише говориш о себи? Да би се размениле мисли, потребно је да умеш да се повериш, али и да умеш да саслушаш друге. Уложи мало напора ако желиш да се нека другарица веже за тебе. Пријатељски однос тражи стрпљење и великодушност.

Ти си на потезу! (наставак)

☺ Можда ти другарице не верују јер много брбљаш: имају утисак да ће, ако ти повере неку тајну, за један сат то знати цела школа. А то одбија.

Ти си на потезу! (наставак)

- Приђи другарици која ти је најсимпатичнија и најближа по интересовањима.

- Уопште немаш другарице? Ако си превише стидљива, треба ти помоћ како се не би плашила других. Поразговарај о томе с родитељима – у твојим годинама важно је имати пријатеље.

Ти си на потезу! (наставак)

- Већ те је неко издао и више ником не верујеш? Сваки однос увек подразумева неки ризик, али је управо то занимљиво. Хајде, одважи се, у школи свакако постоји неко ко заслужује твоју пажњу. Добро се потруди.

Ти си на потезу! (наставак)

Ако си управо променила школу или си се преселила, није чудно што још ниси стекла најбољу другарицу. Увек је тешко наћи своје место у новој групи. Ти треба да учиниш први корак – учлани се у неку секцију, покажи своје таленте другима. Добро ти иде математика? Понуди се да неком помогнеш пред контролни. Откриј која девојчица станује близу тебе и предложи јој да идете заједно у школу. Позови друштво из разреда да дође код тебе за викенд. Мало-помало створићеш мрежу пријатеља. Пази, ако превише дуго останеш по страни, нико неће доћи по тебе!

ЗЛАТНО ПРАВИЛО

Да би се нешто добило, најпре треба дати.

Моји родитељи гунђају кад телефонирам

О да, мислиш да су родитељи заборавили како су некад били у твојим годинама... Истина је да твоје непрекидно телефонирање може да поремети живот твоје породице и брзо увећа телефонски рачун. Родитељи имају права да утврде неке границе.

Кажи нам – твој отац се највише буни? Он сигурно не схвата како ти мораш сатима да

разговараш с другарицама! У ствари, када је о телефону реч, став мушкараца много се разликује од женског става: мушкарци зову да би разменили информације, док се жене њиме служе да би разговарале о свему и свачему, а можда највише о свакодневним ситницама. И твоја мама сигурно проводи много времена разговарајући телефоном, зар не? Шта му онда смета? Кад телефонираш, ти си ту, а заправо ниси ту. То је прилично непријатно. Кад дођеш кући, твоји родитељи би желели да поразговараш с њима, а не да јурнеш да зовеш Марију, од које си се управо растала. Они су можда помало љубоморни, ко зна? Уз то, телефон може да те спречи да урадиш задатке: сатима брбљаш с Јулијом и, ево, већ је седам, а ти ниси ни почела да учиш! Потом, заузела си линију, а то није у реду према другима. Нико не може да телефонира док ти редом анкетираш Лауру, Зоју и Матилду: да ли да сутра обучеш свој мали зелени пуловер или ружичасти џемпер? Најзад, телефон кошта, чак и када се разговара с неким ко је у истом граду! А да и не говоримо о томе колико кошта кад се с фиксног зове мобилни – то је права пропаст! Није ни чудо што твоји родитељи гунђају.

Ти си на потезу!

☺ С времена на време није лоше да се нађеш само на једном месту. Кад телефонираш, увек си једном ногом ван куће, а другом у кући.

Ти си на потезу! (наставак)

☺ Утврди неку временску границу за телефонске разговоре и немој је прекорачивати – тако ћеш имати довољно времена и за домаће задатке и породицу.

Ти си на потезу! (наставак)

☺ Да ли толико разговараш с другарицама и када сте заједно? Телефон омогућава да се о неким стварима лакше говори, али не би требало да останете без тема за разговор кад се нађете лицем у лице.

Ти си на потезу! (наставак)

☺ Лепо васпитање налаже ти да не зовеш друге у време обеда, ни недељом у осам ујутру, а још мање увече после девет сати, осим у неким хитним случајевима (то свакако није питање о боји џемпера који ћеш обући наредног дана). Исто тако, избегавај да одговараш на позиве за време оброка са својом породицом.

Ти си на потезу! (наставак)

☺ Не мисли да су твоји родитељи баш толико глупи – нећеш вечито моћи да понављаш да си тих четрдесет пет минута заправо телефоном решавала задатке из математике.

Ти си на потезу! (наставак)

Када имаш проблеме у породици, телефон понекад може бити право прибежиште – прозор кроз који ћеш удахнути неки други ваздух. То је и начин на који се од проблема бежи, а не на који се они решавају. У првом тренутку можеш да осетиш олакшање, али потом се јавља ризик да без телефона више нећеш моћи. Покушај да о ономе што не ваља поразговараш с родитељима или с неком одраслом особом у коју имаш поверења.

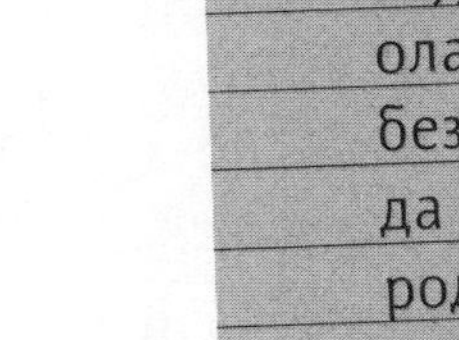

ЗЛАТНО ПРАВИЛО

Телефон не може да замени живо биће.

Нико не поштује моју приватност

Имаш право да се љутиш, то није у реду. Треба то да објасниш.

Полако престајеш да будеш дете и све више имаш потребу да будеш сама. Проблем је у томе што је та твоја потреба новост за твоју околину, па те зато чланови твоје породице теже разумеју. Они имају утисак да их одједном одбацујеш. Погрешно! Ти

једноставно желиш да се мало одвојиш од њих. Ако те браћа и сестра не остављају на миру, то је често најједноставније решити јер су ту родитељи и они ће ти притећи у помоћ. Али ако је реч о родитељима, ту ће бити нешто мање разумевања. О да, многи родитељи мисле да имају права да знају све о свом детету, управо зато што је то дете њихово! Међутим, увек постоји нешто што човек жели у потпуности да сачува за себе – то је наш мали тајни свет. Сви имају потребу за приватношћу, и деца и одрасли.

Ти си на потезу!

☺ Напиши списак свега онога што желиш да твоја породица поштује и окачи га на видно место на вратима своје собе: *Молим да ме оставите саму у купатилу*, *Молим да ме оставите на миру док радим домаће задатке* (с тим ће се родитељи свакако сложити), *Молим да ми не сметате кад ми дођу другови и другарице* (ово ће већ бити мало теже), *Молим да...* Ти доврши списак!

Ти си на потезу! (наставак)

Основни је ред да нико без куцања не улази у твоју собу или у купатило док си ти тамо. Али, пази! Ти свакако не живиш у бункеру! Твоји родитељи имају право да уђу ако су претходно куцали (и сачекали да кажеш: *Слободно*). Нормално је да у твом узрасту они знају с ким се дружиш и шта радиш. Немој да помешаш жељу за приватношћу са жељом за слободом.

Ти си на потезу! (наставак)

Твоја мајка чита твоја писма или твој дневник? То није пријатно, па их зато не остављај где било. Могла би да пишеш на страном језику који она не зна, а тако ћеш тај језик и боље научити! Ако то не желиш, нађи неку тајну шифру коју ћете користити ти и твоје другарице.

ЗЛАТНО ПРАВИЛО

Приватност је човекова одлука да се о њему нешто зна или не зна!

Неки човек ми је на улици показао свој полни орган

Показивање полног органа детету код њега изазива стид, а тај чин забрањен је законом. Човек који то ради сигурно је поремећен.

Та особа ужива да показује свој полни орган другима и да посматра ефекат који код њих изазива. Такви људи називају се *еі̄зибиционисі̄има*. Немој много да се узрујаваш: они ретко кад ураде било шта друго.

Уживају само у томе да виде како су те шокирали. Ипак, треба о томе да обавестиш родитеље, који ће потом поднети пријаву полицији. Ако то не ураде, та особа наставиће да узнемирава децу у крају.

Ти си на потезу!

Такав непријатан сусрет свакако те је узнемирио. Можда имаш ноћне море? Разговарај о томе са одраслима који те разумеју. Што више говориш о томе како се осећаш, брже ћеш заборавити. Ако ти је компликовано да о томе говориш с родитељима, закажи разговор са школским лекаром, психологом... Понекад је лакше поверити се особама које нам нису врло блиске.

ЗЛАТНО ПРАВИЛО

Разговор о оном што нас мучи увек доноси олакшање.

Не желим да ми дају мушке надимке

Зову те Мишко, Бане или Мића, а то те нервира. Имаш право, јер на тај начин негирају то што си девојчица.

Раније ти тај надимак није сметао, али те од пре извесног времена баш нервира. Изгледа ти као неприхватање чињенице да постајеш жена. А, уз то, још и коришћење

деминутива, који је, као што је свима познато, *умањеница*... Можда се облачиш и понашаш као дечак или си, напротив, толико женствена да је твојим другарима помало непријатно? У том случају, добила си мушки надимак да би им била сличнија.

Ти си на потезу!

☺ Успротиви се, али немој од тога да правиш драму! Предлажемо ти мало лукавство које увек пали: не одговарај кад те ословљавају надимком. Видећеш, врло брзо ће престати.

ЗЛАТНО ПРАВИЛО

Наведи друге да поштују твој девојачки идентитет.

Не желим више да ме мама шиша

Кад си била мала, мама је била твоја фризерка, па не разуме зашто то не би била и даље. Али ти знаш...

Одрасташ и све више бринеш о свом физичком изгледу и погледима које ти други упућују. То је нормално! Али, као и увек кад се ти и твоја мама не слажете, треба наћи начин на који ће се сукоб избећи.

Твој задатак је да јој пренесеш поруку тако да се она не осети одбаченом, а то је прилично тешко. Ако јој одмах кажеш да те неспретно шиша, да си због тога ружна или смешна, она ће се увредити, а ти знаш да се увређена мама увек заинати. Резултат: свађате се и ти ниси постигла оно што си хтела. Дакле, то није добар метод. У ствари, важно је да јој даш до знања да желиш да се твој изглед поштује. Коса је део твог тела, дакле нешто врло лично, а фризура може потпуно да измени твој лик. Да ли би твоја мама волела да њој неко одређује како треба да се ошиша? Не. Ето прилике да о томе поразговарате. Ако ти шишке падају тако да не можеш да видиш оно што пише на табли, твоја мама ће свакако пожелети да зграби маказе. А ако то није тако, имаш право да изнесеш свој став о томе како треба да се ошишаш.

Ти си на потезу!

☺ Ако ти је породица вишечлана, твоја мама можда инсистира на томе да те шиша зато што су фризери скупи. Предложи јој да учествујеш у том издатку тако што ћеш дати део од свог џепарца.

Ти си на потезу! (наставак)

☺ Предложи јој неку нову фризуру, на пример сасвим кратку косу или, још боље, степенасто ошишану – твоја мама се сигурно неће усудити да се упусти у шишање. Или је замоли да ти дозволи да ти коса још мало порасте; то је добар начин да избегнеш маказе. Најзад, кажи поштено: ако је реч само о скраћивању крајева како би ти коса ојачала, што није никаква драма, зар не би било глупо да се за то плаћа фризер?!

Ти си на потезу! (наставак)

☺ Можда твоја мама жели да имате исте фризуре? То је њен начин да ти покаже како жели да будете блиске. Ако ти се то не свиђа, треба то и да јој кажеш. Реци јој да ћеш је увек много волети, чак и ако не будете имале исте фризуре!

Ти си на потезу! (наставак)

- Твоја мајка жели да ти коса буде кратка? Разговарај с њом. Она пре свега жели да ти коса не пада на лице. Ако је тако, направи коњски реп или кику – то је такође практична фризура.

- Негуј своју косу. Ако је све време замршена или ти масни праменови висе преко носа, наравно да ће твоја мама пожелети да те ошиша.

- Јеси ли разговала о томе с татом? Можда би се њему свидело да ти коса буде дуга? Он би можда могао да те подржи.

ЗЛАТНО ПРАВИЛО

Коса је део твог тела – имаш право да кажеш своје мишљење.

Није ми дозвољено да сама одлучим шта ћу да обучем

Мама те облачи по свом укусу, а то ти не одговара увек. Желиш да изразиш део своје личности и одећом коју носиш – разумемо те.

Зашто ти није дозвољено да сама изабереш одећу коју ћеш носити? Да ли твоја мама мисли да се нећеш добро обући ако те пусти да сама бираш? Да ли наслеђујеш сестрину одећу? У ствари, шта би купила

ако би ти мама то дозволила? Можда она нема поверења у тебе јер те види да излазиш у претоплој или сувише лакој одећи за то доба године? Или ти се горњи део не слаже с доњим? Треба да јој покажеш да нећеш обући прекратки топић кад пада снег, нити дречаво зелени минић кад идеш код баке на ручак. Предложи јој да те пусти да одабереш неку одећу и онда је питај за мишљење. Сигурно ћеш постићи компромис између онога што ти волиш и оног што би твоја мама желела.

Ти си на потезу!

☺ Мислиш ли да су у твојој породици сви старомодни када је о одећи реч? Преузми на себе улогу стилисте, пронађи модне детаље који ће твојој одећи дати *тренди* изглед, али немој их носити када идеш код баке. Направи уступке: класичне ципеле за посету баки и деки, а љубичасте патике с розе пругама за журку код Јулије.

Ти си на потезу! (наставак)

☺ Уместо што се инатиш, предложи мами да се прошетате и да заједно обиђете продавнице. Ако желиш да носиш фармерке чије се ногавице вуку по земљи, код куће их мало подврни да би биле „нормалне" дужине, а у школи их спусти. Исто важи и за сукњу за коју мислиш да је предуга – у школи је само подврни на супротној страни, око струка!

Ти си на потезу! (наставак)

☺ Ако мајка неће ни да те чује, покушај да нађеш савезнике: старију сестру, оца, тетку, професорку клавира... У твојој околини сигурно постоји неко ко може да те подржи!

Ти си на потезу! (наставак)

Немој да одустајеш од бирања одеће под изговором да то други раде за тебе. Међу стварима које ти предлаже мама изабери оно што ти се највише свиђа. Нема баш ничег? Хајде, мало се потруди. Те сиве панталоне с неким модним детаљем неће бити баш тако лоше; јеси ли бар пробала ту хаљину за коју ниси хтела ни да чујеш? То ти је исто као с похованим карфиолом: ако га никад ниси пробала, не можеш да знаш да ли ти се свиђа.

ЗЛАТНО ПРАВИЛО

Твоја одећа је израз твоје личности.

Нека одрасла особа присиљавала ме је на секс

Ситуација коју си доживела јесте злочин, сексуално злостављање, на шта год да си била присиљена и независно од тога ко је особа која те је на то приморала. Да, чак и ако је то неко кога врло добро познајеш...

Проблем је то што се ти стидиш због онога што се догодило. Осећаш се прљавом, а понекад и помало кривом. Шта ако је то била твоја грешка? Овде те морамо одмах прекинути. У таквом случају **увек је одрасла особа крива** због оног што се десило, чак и ако ти

имаш утисак да си је изазвала, чак и ако ти се допало. Одрасли увек морају да штите децу. Такве особе, које су углавном вешти манипулатори, бране се тако што успевају да код тебе изазову осећање кривице, док су у ствари они болесни. Постоји закон који свакој одраслој особи забрањује да има сексуални однос с дететом. Закон је врло строг, тако да одрасла особа која учини тај преступ бива осуђена на више година затвора. Видиш, није реч о нечем безначајном, као што можда та особа жели то да ти представи... Можда је у питању неко ко ти је близак, што је још горе. Толико ти је близак да се не усуђујеш ни да помислиш какав би скандал избио када би неком рекла шта се догађа. **Ипак, мораш обавезно то неком да кажеш.**

Ти си на потезу!

☺ Не дозволи да те претње и уцене натерају да ћутиш. Та одрасла особа зна да је починила озбиљно злодело. Зато не жели да ти о томе говориш. Али ако ћутиш, све то може да се настави и постојаће ризик да се цео твој емотивни живот тешко поремети.

Ти си на потезу! (наставак)

☺ Није увек лако разговарати с родитељима о нечему што се односи на секс. Ако се не усуђујеш да о томе разговараш с њима, нађи неку другу одраслу особу у коју имаш поверења: неког лекара, тетку, старију сестру, професорку... Можеш да се повериш и некој другарици која ће о томе разговарати са својом мамом. Одлучи се за било шта од тога, али немој да ћутиш, чак и ако се то десило једном. Увек је време да се о томе говори...

Ти си на потезу! (наставак)

☺ Не верују ти? Мисле да лажеш? То значи да још увек ниси нашла праву особу, ону која ће саслушати све што имаш да кажеш. За одрасле је то толико неподношљиво да више воле да мисле како ти лажеш, нарочито ако је реч о неком из твоје породице. Немој да се обесхрабриш, чак и ако ти је све то врло болно. Покушај поново. На крају ћеш наићи на неку одраслу особу која ће те разумети.

Ти си на потезу! (наставак)

У твојој околини нема никог коме би могла да се повериш? Постоје SOS телефонски бројеви за жене и децу жртве насиља (011 33 47 007, 011 36 26 006), а постоји и бесплатна телефонска дечја SOS линија (0800 123456). У тим службама раде одрасли који ће те посаветовати. Не мораш да им кажеш своје име. Они ће ти помоћи да нађеш решење. Важно је да не останеш предуго сама са својом тугом.

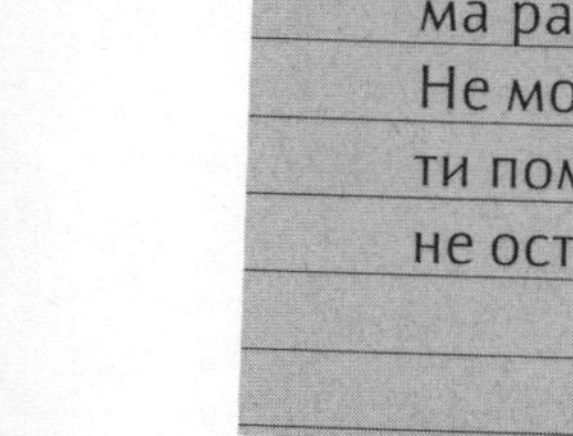

ЗЛАТНО ПРАВИЛО

Не чувај ту страшну тајну!

Мислим да је мој дечко заљубљен у моју најбољу другарицу

Ако је то тачно, мора бити да си тужна јер су се у тој ситуацији сукобили љубав и пријатељство. А то је превише.

Ако се твој дечко лудо заљубио у твоју другарицу, ти ту готово ништа не можеш да урадиш. Још ако је то осећање узвраћено, мораћеш да одустанеш од свог дечка. Знаш и сама, љубави се не може наређивати. Треба да поставиш себи неколико питања: најпре о својој другарици, а потом и о свом дечку. Да ли твоја другарица зна да је он заљубљен у њу? Да ти случајно не

умишљаш јер мислиш како је она толико слатка и симпатична да ће се сви дечаци заљубити у њу? Можда си се спријатељила с девојчицом која воли да „лови“ туђе љубави! Али ако она није ништа урадила да би му се свидела, запитај се како ствар стоји с твојим дечком. Да ли је он од оних који лете од једне девојчице до друге? У том случају, не би требало да будеш много изненађена. Врло је занимљиво то што је он изабрао баш твоју најбољу другарицу, а не неку другу девојчицу. То баш и није симпатично, зар не? Не заслужује да због њега тугујеш! Откриваш да је љубав осећање које је тешко сачувати, поготово у раној младости. А у вашим годинама дечаци и девојчице често су превртљиви.

Ти си на потезу!

☺ Одмах разговарај с другарицом да би разјаснила ситуацију и видела како ће она реаговати. Ако је урадила све да ти украде дечка, можеш да је избришеш из круга својих пријатељица! Теби никад не би пало на памет да освајаш њеног дечка, иако мислиш да је сладак. Постоји нешто што се пријатељима никад не ради.

Ти си на потезу! (наставак)

- Разговарај и са својим дечком. Можда си нешто уобразила и можда ће те он разуверити. А можда ће искористити прилику да ти каже да више није заљубљен у тебе. Боље је да погледаш истини у очи.

- Немој да омаловажаваш себе мислећи да је твоја другарица боља од тебе. Можда твој дечко само жели да се забавља с неком другом девојчицом и ти ту не можеш ништа да урадиш.

Ти си на потезу! (наставак)

- А да он то не ради да би те наљутио и учинио мало љубоморном? Изабрао је девојчицу коју најчешће виђа с тобом, а то је, наравно, твоја најбоља другарица.

ЗЛАТНО ПРАВИЛО

Другаричин дечко се не дира!

Моји родитељи су желели сина

Зашто то мислиш? Јесу ли ти они нешто о томе рекли? Ти си четврта ћерка у породици? У сваком случају, осећаш да су они разочарани због тога што си ти девојчица.

То је врло болно, јер нико није одговоран за свој пол. Разлози због којих осећаш то одбацивање врло су дубоки. Можда твоји родитељи тога уопште нису свесни. Твоја мама је можда желела да види како се одгаја дечак... Твој отац је можда сањао о томе да ће имати малог „другара“ кога ће, на пример, водити на фудбал или се осећа

помало усамљено у породици с толико жена, поготово ако имаш сестре. Ту је и питање наслеђивања његовог презимена, које ће се можда угасити ако је твој отац син јединац. Ретко се дешава да деца носе мајчино презиме, иако је и то могуће. Можда немаш утисак да је у твом случају реч о неком од тих разлога, али се никако немој осећати кривом. Ипак, чини ти се да си разочарала родитеље, а то је увек мучно.

Ти си на потезу!

☺ Обрати се родитељима непосредно: *Мислим да сте желели да добијете сина, а то ме много мучи.* Ако се не вараш, то би могло да им пружи прилику да промене став.

☺ Тешко ти је да о томе разговараш с њима? Шта мисли твоја бака или твој стриц? Можда ћеш у породици открити разлог због којег су твоји родитељи желели да добију сина.

Ти си на потезу! (наставак)

☺ Немој да мислиш да је горе бити девојчица. У породицама у којима се рађају само дечаци, ситуација је обрнута. Али, ето, не може се све у животу бирати, а пол деце представља једно од изненађења.

Ти си на потезу! (наставак)

☺ Обавести свог оца о томе да мајке данас могу да дају своје презиме деци, па да ћеш и ти то једног дана моћи да урадиш са својим презименом. Можда ће се разведрити.

Ти си на потезу! (наставак)

Ти ниси сасвим по вољи својих родитеља, али, искрено, да ли су они баш онакви какви би ти желела да јесу? Можда би више волела да су млађи или мање везани једно за друго? Видиш, треба прихватити то да је у породици свако другачији од оног што би други желели да он буде. Али вам то не смета да се много волите!

ЗЛАТНО ПРАВИЛО

Не може човек увек да испуни све снове својих родитеља – утолико боље!

Стално сам заљубљена

Волиш живот, волиш да волиш! На путу си да откријеш љубавна осећања, а то је заиста врло лепо.

Да ниси ти мало помешала значење појмова *волети* и *сматрати да су дечаци слатки*? То уопште није исто. Сигурно имаш гомилу другова који ти се свиђају, али да ли си ти заиста заљубљена у сваког од њих? Волети некога – то је избор за дуг период. Љубав је сасвим посебно осећање и не дешава се сваког дана!

Ти си на потезу!

- Обрати пажњу на утисак који остављаш. Ризикујеш да те сматрају лаком девојком. Дечаци ће бити на опрезу, мислиће како је боље да ти не прилазе пошто си толико превртљива. Сачувај своја осећања за себе све док не будеш била сигурна у то да заиста неког волиш.

Ти си на потезу! (наставак)

- Због таквог понашања могла би да сломиш нечије срце и да изазовеш патњу неког осетљивијег дечака.

- Неки дечак могао би да стекне утисак да ти се свиђа, а да ти заправо уопште не желиш да изађеш с њим (види: *Мислим да је мој дечко заљубљен у моју најбољу другарицу*).

ЗЛАТНО ПРАВИЛО

За праву љубав није довољна само привлачност.

Сатима разговарам с другарима на нету

Магичан је тај нет. Укључиш се у било које доба дана или ноћи и увек нађеш неког с ким можеш да разговараш. Имаш утисак да можеш да разговараш с целим светом!

Тачно је да у стварном животу није тако једноставно: твоја другарица мора да се врати кући да би урадила домаће задатке или не жели да те слуша како причаш без

престанка! Уз то, на нету разговараш са особама које никада ниси срела, па си понекад искренија. На пример, можеш да покренеш интимне теме, оне о којима се не би усудила да разговараш с другарицама кад се нађете лицем у лице. Исто тако, кад ти се неко више не свиђа, лепо се искључиш и не мораш ништа да објашњаваш – не водиш никакве расправе. Још једна предност: о тим ћаскањима твоји родитељи немају појма зато што су такви разговори дискретнији од телефонских. Ако наставиш да се дружиш и излазиш с друговима и другарицама, твоје ћаскање на нету биће само још један вид комуникације у твом животу. Проблем настаје када више волиш на тај начин да ћаскаш с другарима него да се с њима виђаш.

Ти си на потезу!

☺ Нет ствара илузију да имаш на хиљаде другара. Али међу њима само четворо или петоро заиста могу да ти постану пријатељи. Немој да занемарујеш оне око себе.

Ти си на потезу! (наставак)

☺ Ако одбијаш да излазиш само да би остала залепљена за компјутер, ризикујеш да и твоји пријатељи одустану од тебе. Често ћеш бити сама, па ћеш се везати за нет да би с неким разговарала. Тако би убрзо могла да се нађеш у зачараном кругу!

Ти си на потезу! (наставак)

☺ Пази! Никад не можеш бити сасвим сигурна с ким разговараш. Та Марија од четрнаест година можда се зове Марко и можда има тридесет пет година. У томе је проблем са анонимношћу. Никад не прихватај позив на састанак добијен преко нета а да претходно ниси с том особом разговарала телефоном и утврдила њену тачну адресу. Увери се да је то управо та особа и обавести родитеље о састанку.

Ти си на потезу! (наставак)

Твоји другари чине ти се мање занимљивим од оних с којима разговараш на нету? Тамо може да се вара, сви се представљају у најбољем светлу – то је баш згодно. А ако упознаш те особе, изненадићеш се због тога што они толико личе на твоје пријатеље из школе.

Ти си на потезу! (наставак)

Да се ти можда мало не бојиш суочавања са стварношћу? С правом другарицом доживљаваш најразличитија осећања: наљутиш се, лудо се смејеш, мораш да се прилагођаваш њеној личности.

Ако си стидљива, нет те чини смелијом. Виђај се с вршњацима, не затварај се у те чудне и нестварне односе. Важно је такође да радите нешто заједно: да одлазите на базен или изложбе, да похађате курсеве, а не само да разговарате...

ЗЛАТНО ПРАВИЛО

Ништа не може да замени право дружење.

Боље се осећам у друштву млађих од себе

То што имаш дванаест година не значи да мораш да се дружиш само с дванаестогодишњакињама. Увек постоји извесна разлика између година које имамо и тога како се заправо осећамо.

У овом периоду твоје вршњакиње и вршњаци су ти досадни. Више ти се свиђа

да време проводиш с млађима од себе јер твоје вршњакиње говоре само о одећи, а ти још увек желиш да се играш на улици. Прија ти да будеш с млађима од себе, не желиш пребрзо да одрастеш? Па добро, не журি! Да би с неким била пријатељ, потребно је да имате нешто заједничко. Ти обожаваш коње, као и твоја сусетка која је две године млађа од тебе? У чему је ту проблем? Целог живота имаћеш пријатеље од којих ће неки бити млађи, а неки старији од тебе... Сад си у раздобљу у којем су физичке разлике упадљиве. Неко ко има десет година може бити двадесет центиметара нижи од тебе, која имаш дванаест. Али ускоро ће се те разлике смањити... Такође, можеш пожелети да се дружиш са онима који су старији од тебе. Тачно је да су у твом узрасту дечаци детињастији од девојчица (види: *Мислим да су дечаци прави идиоти*). Старије другарице привлаче те јер имају више искуства од тебе и дају ти савете. То је драгоцено, поготово ако немаш старију сестру. У ствари, када се старије другарице интересују за тебе, то може бити подстицајно, док је дружење с млађима умирујуће. Свако бира према свом укусу.

Ти си на потезу!

Подсмевају ти се зато што си стално с млађима? Пусти те који ти добацују. Уосталом, међу нама речено, они су можда помало љубоморни. Много би волели да се повремено играју као деца, али се не усуђују због страха од задиркивања.

Ти си на потезу! (наставак)

Не затварај се у свет детињства систематским одбијањем да се дружиш с вршњацима. Видећеш, нису сви они без везе!

Ако се дружиш с дечацима и девојчицама који су старији од тебе, постоји ризик да почнеш да радиш нешто што не приличи твојим годинама. Пази да не одрастеш пребрзо.

ЗЛАТНО ПРАВИЛО

Било да су твоји пријатељи млађи, било да су старији од тебе – најважније је ваше пријатељство!

Желим да се сама возим аутобусом

Желиш да будеш слободна, да не зависиш од добре воље својих родитеља када некуд треба да одеш и кад се враћаш кући. Добро, треба их убедити да ти то можеш.

Јеси ли их већ питала? Ако су ти рекли *не*, значи да мисле да си премлада за одговорно понашање. Знаш какви су родитељи – увек замишљају катастрофалне сценарије; требало би да пишу хорор романе! Али, пази, није баш да никад нису у праву: уколико живиш у неком врло пустом крају или треба да чекаш аутобус на хладноћи и ноћу, они ће хтети да те одвезу у школу јер сматрају да си тако безбеднија. Исто је и ако мораш

да прелазиш из аутобуса у аутобус – да користиш два превоза – зато што би онда требало да устанеш пола сата раније. Теби то не изгледа тешко у поређењу са слободом коју би стекла, али би била уморнија. Твоји родитељи мисле и о томе... Ако ниједан од ових разлога не важи у твом случају, добро – преостаје ти да им покажеш како си довољно одрасла да то можеш да изведеш. Не заборави да истакнеш предности које ће они имати: више неће морати да ти изигравају такси, да журе... И родитељи воле решења која им олакшавају живот!

Ти си на потезу!

☺ Одустани одмах од свих аргумената типа: *Стварно ме је срамота кад вас сваке вечери видим испред школе, Сви моји другови и другарице иду сами аутобусом, па зашто онда ја не могу?* Због овог првог аргумента родитељи се обично наљуте, а када је о другом реч – не воле да на њих неко утиче. Искрено, не саветујемо ти ни следећу тактику – саопштавање одлучним тоном за време вечере: *Желим да вас обавестим да ћу од сутра ићи сама аутобусом. Има ли неких примедби?* То понекад пролази у филмовима, али никад у стварном животу.

Ти си на потезу! (наставак)

Ради на томе постепено, као и у случају сваког другог одобрења које желиш да добијеш. Најпре затражи да се сама враћаш из школе – повратак кући мање плаши родитеље јер могу одмах да се увере да је све прошло у најбољем реду.

Пређи тај пут с неком другарицом. Родитељи ће бити мирни јер ће знати да ниси сама.

Ти си на потезу! (наставак)

Предложи родитељима да неко од њих двоје прво с тобом пређе тај пут, а да потом иде мало иза тебе да би видео како се сналазиш. Видеће да ниси сишла на погрешној станици и да си добро разумела шта треба да урадиш.

ЗЛАТНО ПРАВИЛО

У твом узрасту слобода се осваја мало-помало.

Мој брат се подсмева мојим часописима

Часописи за девојчице говоре само о темама које су интересантне девојчицама. Стога се дечаци осећају помало искљученим. Твој брат се од тога брани тако што ти се подсмева.

Реч је о твом млађем брату? Не тако давно заједно сте читали исте или готово исте текстове, а сад ти читаш оно што он презриво назива *женским глупостима*. Он је збуњен јер си ти порасла и разлика међу

вама се повећала. Он те више не разуме... Или је то твој старији брат који потцењује оно што волиш тако што се шетка по стану и објављује резултате које си постигла на тесту из часописа, под називом *Јеси ли спремна да пољубиш дечка?* Потпуни блам! Искрено, не сматраш ли и сама да је смешно кад он полуди зато што је фудбалски тим за који навија изгубио? А кад с друговима разговара о рагбију, ти не разумеш ништа и досадно ти је.

Ти си на потезу!

- ☺ Не желиш да ти се подсмева? Онда не остављај своје часописе на столу у дневној соби.
- ☺ Можда то подсмевање скрива велику радозналост. Ако је тако, онда он кришом чита твоје часописе како би сазнао више о својим другарицама и боље разумео девојчице. Могла би да му покажеш неке чланке који би га интересовали, па ће се осетити мање искљученим и видеће да то није тако глупо као што је мислио.

Ти си на потезу! (наставак)

Кад он чита спортски журнал, да ли му се подсмеваш? Не? Ако је тако, нека те онда остави на миру, јер то нећеш трпети!

Ти си на потезу! (наставак)

Да би му показала да не читаш само *женске глупости*, позајми му романе који су ти се свидели. То би могла бити прилика да разговарате о неким заједничким интересовањима.

ЗЛАТНО ПРАВИЛО

Често се подсмевамо ономе што не разумемо.

Моје другарице разговарају само о крпицама, а мене то не занима

То је твоје право. Ипак, немој се искључивати из групе својих пријатељица и презирати оне које се за то интересују.

Донекле се слажемо с тобом – одећи се данас придаје превелики значај! Мораш имати модерне фармерке, ове, а не оне патике итд. А ти желиш да разговараш о нечем сасвим другом: о мравима које проучаваш,

о диску који си управо добила... Укратко, то бескрајно брбљање о најмодернијем ранцу иде ти на живце.

Можда се ти не осећаш баш најпријатније у свом телу које се преображава и зато више волиш да ујутру ускочиш у прву тренерку која ти дође под руку него да сатима бираш одећу. Да ти помало не претерујеш у одбијању свега онога што раде девојчице (види: *Третирају ме као промашеног дечака*)? Постоји толико много могућности између непрекидног разговора о крпицама и потпуне незаинтересованости за њих.

Ти си на потезу!

☺ Пази да се потпуно не одвојиш од својих другарица сталним одбијањем да разговараш о тој теми. Тако ћеш изоловати саму себе.

Ти си на потезу! (наставак)

☺ *Еј, имаш нов џемпер?! Баш је симпа...* Људи често говоре о одећи како би ступили у контакт, а потом прелазе на друге теме. Али, ако си ти већ отишла...

Ти си на потезу! (наставак)

Предложи друге теме за разговор – нису крпице све у животу! Започни разговор о филму који си гледала, књизи коју волиш, некој актуелној теми која те је наљутила…

Ти си на потезу! (наставак)

Твоје другарице причају само о крпицама? Нађи нове другарице. Од ових свакако нећеш много тога научити.

ЗЛАТНО ПРАВИЛО

Право пријатељство понекад започиње површним разговором.

Мој брат не ради ништа и понаша се као цар

Ти увек постављаш сто, бацаш ђубре, чистиш... Мислиш да је то неправедно. Имаш право.

Живиш у породици у којој се сматра да девојчице треба да се баве кућним пословима. Сигурно је твоја мајка задужена за спремање хране и за друге кућне послове,

док твој отац ради ван куће и не брине се о вођењу домаћинства. Тако је било и у породицама у којима су они одрастали – код твојих бабе и деде, прабабе и прадеде... Твоји родитељи примењују такву поделу улога и у васпитавању своје деце а да тога понекад и нису свесни. Нажалост, те традиционалне улоге прилично су круте, а времена су се и те како променила! Теби је тога доста? Добро, најпре поразговарај с родитељима. Твој брат може да усисава исто тако добро као и ти... Пошто се углавном нико не гура да обави неки досадан посао, као што је чишћење, тиме се увек баве исте особе. Наравно да није лако искоренити навике које постоје вековима, али се то ипак може постићи.

Ти си на потезу!

- Да твој брат нема неке обавезе које ти не примећујеш? Пре него што се будеш наљутила, провери то.
- Ако твој брат заиста не ради ништа, треба нешто да кажеш. Затражи, на пример, да на смену распремате сто после обеда.

Ти си на потезу! (наставак)

☺ Предложи мами да се смењујете: нека једне вечери мушкарци постављају сто, а наредног дана ти и мама. Њој ће вероватно таква организација после бити занимљива.

Ти си на потезу! (наставак)

☺ Нико не жели да те чује? Нађи начин на који ћеш избећи кућне послове: буди стално заузета – кажи да мораш да радиш домаћи, да се окупаш…

Ти си на потезу! (наставак)

☺ Дај пример неке породице у којој је подела послова другачија: *Код Луције увек њен брат баца ђубре…* Изабери породицу коју твоји родитељи воле.

Ти си на потезу! (наставак)

Разговарај с мамом: зар њој није доста тога да сама одржава кућу? Ујedините се да бисте оствариле свој циљ. Удвоје је лакше!

Ти си на потезу! (наставак)

Ако твоји родитељи не желе ништа да промене, буди стрпљива. Ти ћеш се другачије понашати кад порастеш и изабраћеш партнера који прихвата поделу обавеза.

ЗЛАТНО ПРАВИЛО

Домаћинство није женска специјалност!

Мом брату дозвољавају све, а мени ништа

Мислиш да твој брат има већу слободу него ти. Истина је да се родитељи често не односе на исти начин према девојчицама и према дечацима.

Више су забринути кад ти излазиш. Плаше се да ћеш наићи на лоше друштво, да ће те неко напасти. И у праву су. Они желе да те заштите. У нашем друштву девојчице су више од дечака изложене неким опасностима. Колико година има твој брат? Ако је знатно старији од тебе, нормално је што му више тога допуштају. Не чине они то зато што је он дечак већ зато што је старији – има ту мале разлике. Међутим, ако је старији само

годину дана или, још горе, ако је млађи, можеш да поразговараш с родитељима о томе. Ако је твом брату све дозвољено, а теби није ништа – то је онда проблем.

Ти си на потезу!

- Нађи неку другарицу с којом би могла да излазиш и замоли њену маму да те позове: твоје родитеље умириће сазнање да је нека одрасла особа дала допуштење за излазак девојчици твог узраста. Понекад родитељи не знају баш тачно кад треба нешто да ти дозволе.

- Престани да се поредиш с братом и види шта ти заиста желиш да радиш.

- Не претеруј! Ако треба да се вратиш увече сама, нормално је да неко дође по тебе.

ЗЛАТНО ПРАВИЛО

Девојчицама и дечацима треба дати једнаке слободе.

Стидим се што додирујем своје гениталије

Откриваш своје тело. Буди без бриге, не радиш ништа лоше.

Још од малена истражујеш делове свог тела – сисала си палац, сатима вртела прамен косе и, без сумње, додиривала гениталије. Али данас имаш неко друго осећање, ново задовољство. Зато се вероватно осећаш непријатно, иако си можда то исто радила и пре годину дана, али те тад није збуњивало. Поред тога, то задовољство потиче од гени-

талија – веома интимног дела тела, који се сакрива и о којем се у нашем друштву не говори много. Како будеш расла, све ћеш се више за то интересовати – то је знак доброг здравља! Радознала си, као и у случају менструације, груди које ти расту, дечака...

Ти си на потезу!

- Нипошто немој да се осећаш кривом – не радиш ништа лоше. Немој да говориш о томе ако ти је непријатно; то не мора нико да зна. Реч је о интимном чину, који се тиче само тебе.

- Пази, то не треба да те спречи да се интересујеш и за нешто друго. Ако ти смета што то радиш превише често, што не успеваш да прекинеш с тим, повери се школском психологу или лекару; с њима можеш насамо да разговараш.

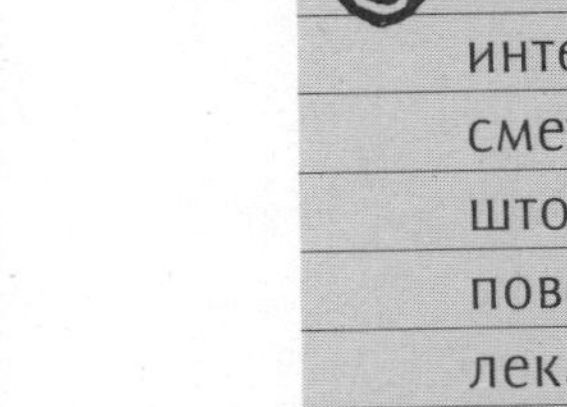

ЗЛАТНО ПРАВИЛО

Кад се нешто ради у тајности, често се стиче погрешан утисак да је реч о нечем лошем.

Тата ме стално мази, а то ме нервира

Твој тата није приметио да одрасташ. Он те мази као кад си имала пет година. Дај му до знања да те то сад нервира, али немој га потпуно одгурнути од себе!

Ти сигурно имаш тату који много воли да се с тобом рве, да те љуби као кад си била

мала. Он и данас мисли да си ти његов мали зека! Не ради твој тата то да би те гњавио, већ зато што је тако навикао. Осећаш се другачије у свом телу, па оно што ти се још прошле године свиђало сад за тебе представља непријатност. У твојим годинама физички контакт с родитељем може почети да ти смета. Чак и једноставан гест, као што је рука на рамену, одједном ти изгледа агресивно. Постаје ти јасно да је твој отац мушкарац, као и твој дечко. Али, наравно, он није твој дечко.

Ти си на потезу!

- Да ли се твој отац тако понаша према свим девојчицама у кући? Биће ти тешко да га одвикнеш од тога да те стално мази. Тешко, али није немогуће – уколико будеш била пажљива и нежна. Залепи смешан цртеж на врата своје собе: *Гушим се! Пољупци забрањени до даљег!*

- Повери се мами, она би могла да поразговара с њим о томе.

Ти си на потезу! (наставак)

Имај милости! Ако се смејеш и рвеш с њим на каучу, а онда одједном почнеш да бежиш од њега као од куге, твој отац неће знати шта се дешава. Можда ће бити тужан што се његова ћерка одједном удаљава од њега. Мораш га разумети. Добро знаш да су родитељи у суштини мала осетљива бића!

Ти си на потезу! (наставак)

Пази, потребно је разликовати сасвим природну потребу родитеља да деци пружe нежност од понашања које је непријатно и проблематично. Ако је твој отац – а то су веома ретки случајеви – додиривао твоје гениталије, твоје груди, ако те је мазио на начин који ти се чини ненормалним, то одмах мораш рећи неком ко може да те саслуша, како би то престало (види: *Нека одрасла особа присиљавала ме је на секс*).

ЗЛАТНО ПРАВИЛО

Мажење – да, али ако то желим и кад желим!

У последње време мама је врло строга према мени

Мајкама је помало тешко да гледају како њихове девојчице одрастају. Мама се сигурно помало плаши за тебе.

Не дозвољава ти да се шминкаш, да излазиш сама, да носиш мини сукње? У ствари, она се пита да ли ћеш пребрзо ући у свет жена и брине због тога. То је нормално. Родитељи су ту да те заштите. Твоја мајка сигурно не би волела да други мисле да си старија него што јеси. Могуће је да твоја мама

у томе претерује. Твоје другарице имају десет пута већу слободу него ти. Можда она нема довољно поверења у тебе, па треба да јој покажеш да си порасла и да си одговорна. Једном речју, треба да је умириш! Она можда не зна шта треба да ти допусти зато што су у њено време деца била мање слободна него данас.

Ти си на потезу!

☺ Преговарај о ономе што желиш да ти буде дозвољено, али о једном по једном. Ако у истој недељи од маме тражиш да ти допусти да налакираш нокте, да останеш на некој журки до поноћи и да се први пут сама вратиш кући аутобусом, немој се чудити ако све те твоје захтеве одбије у истом трену. Наступај полако, припреми терен на којем ће, уз неке гаранције које ћеш јој дати, бити спремна да ти допусти да обучеш модерну одећу за журку, да се вратиш кући аутобусом у друштву неке другарице...

Ти си на потезу! (наставак)

- Јеси ли разговарала о томе с татом? Да ли и он мисли да мама мало претерује? Могао би да поразговара с њом... Ако тата не може, покушај да нађеш савезнике у породици и изван ње, а то могу бити: твој старији брат, тетка, мама неке твоје другарице (која није толико строга, а коју твоја мама воли).

- Разговарај чешће с мамом. Ако није упознала твоје другарице и другове, ако нема појма о томе шта радиш у школи, шта онда? Свакако би требало да о томе нешто зна пре него што ти да дозволу за то што тражиш. Нормално је да имаш своје тајне, али ако јој никад ништа не говориш, код ње ће се родити неповерење. Почеће да се пита шта би све могла да урадиш ван куће.

- Немој бити непослушна, не излази кришом. Ако она за то сазна, постоји ризик да потпуно изгубиш њено поверење, а тада ће бити још строжа према теби. То није твој циљ.

ЗЛАТНО ПРАВИЛО

Понекад је потребно умирити узнемирену маму.

Упомоћ, моје груди расту!

Твоје тело постепено се мења, а с тим није увек лако живети!

Проблем с грудима јесте у томе што се оне виде. Менструација понекад ствара већу неугодност, али је бар све то дискретније. Цео свет може да види да су ти груди

порасле... Можда ти неко старији или млађи добацује глупе коментаре о твојим грудима алудирајући на секс. Посматра те као жену, а ти се и даље осећаш као девојчица. Ту су и дечаци који те сад гледају на другачији начин и њихов однос према теби се мења. А теби све то смета. Штета – јер баш је лепо кад девојка има груди!

Ти си на потезу!

☺ А да одеш с мамом да одабереш неки леп брусхалтер? Та прва куповина је важна зато што ћеш можда на другачији начин посматрати своје груди. Посебно ако ти другарице помало завиде јер их још немају.

Ти си на потезу! (наставак)

☺ Непријатно ти је зато што једина у разреду имаш груди? За две године готово све девојчице биће као ти, а оне које не буду имале груди биће врло тужне!

Ти си на потезу! (наставак)

- Не брини, све то иде постепено. Треба ти времена да се навикнеш на телесне промене. Настави с дечјим играма и не брини много о ономе што други причају.

- Ако ти је изузетно непријатно, облачи мало шире џемпере и дуксеве. Не покушавај да сакријеш своје груди савијањем рамена – тако ћеш само постати грбава!

- Покушај да се одупреш томе. Објасни свима који ти добацују да ти то смета. Они ипак настављају с тим? Онда их избегавај.

ЗЛАТНО ПРАВИЛО

Одрастати значи преображавати се.

Сви се понашају према мени као према беби јер још имам меду

Па добро, коме то смета? У твојим годинама имаш право да поседујеш неки предмет који ће ти помоћи да се утешиш када ти је тешко.

Чему тачно служи твој стари меда који има само једно око или твоје сасвим олињало ћебенце? Да би се у неким ситуацијама осетила боље, да ти, на пример, помогне да заспиш... И тебе сигурно изненађује кад видиш колико ти помаже баш тај мали предмет

који годинама не напушташ! Тај меда, то ћебенце набијени су осећањима и успоменама. Уосталом, ниси једина. Многи одрасли имају своје „меде“ а да то и не знају! Неки никада не иду на пут без неког лепог шала. Други пак у канцеларији држе неке драге предмете, па кад их шеф искритикује, они их стисну у шаци како би повратили расположење. Ти предмети мање су видљиви од твог меде, али имају исту функцију.

Ти си на потезу!

- ☺ Да би избегла подсмехе, могла би да будеш дискретнија. Неке играчке су сасвим мале и могу да се закаче за кључеве или на ранац. Нит се виде, нит се за њих зна.

- ☺ Имаш меду високог метар и по? Немој га показивати другима. Чувај га код куће, у својој соби. Понекад је мучније бити стално исмејаван него бити без играчке. Размисли о томе.

- ☺ Ако можеш, откачи оне који не разумеју зашто ти је твој стари меда толико важан. Уосталом, врло је вероватно да и они сами имају под креветом неког старог тигра и да га одатле извуку кад су врло тужни.

Ти си на потезу! (наставак)

☺ Упркос свему, покушај да га оставиш код куће ако ти заиста није потребан. Та играчка није чаробна. Неће ти помоћи на контролном из математике, поготово ако ниси довољно вежбала!

Ти си на потезу! (наставак)

☺ Немаш играчку, али сисаш палац? То баш и није исто, зато што је сисање палца више везано за понашање сасвим мале деце. Сигурно се помало плашиш да порастеш. Било би добро да о томе поразговараш с неким, са својим лекаром на пример, како би разумела зашто ти је то још увек потребно. Можда пролазиш кроз неки тежак период.

ЗЛАТНО ПРАВИЛО

Никада ниси превише стара за меду!

Сва сам бубуљичава!

У твом узрасту бубуљице су честа појава, али то није ништа трагично. Треба им што пре објавити рат!

Питаш се откуд изненада ти *кратери* по твом лицу. Почев од десете или једанаесте године твоје тело лучи хормоне који увећавају производњу себума (лоја). Његов задатак јесте да кожу учини еластичном. Међу-

тим, ако га има много, она постаје масна. У исто време хормони утичу и на то да кожа постане дебља. Од вишка себума у њој формирају се митесери. Они садрже бактерије које испуњавају поре на кожи и тако је спречавају да дише. Митесери се инфицирају и претварају у бубуљице. Проблем је у томе што се они налазе на лицу! Највећа фабрика себума налази се на лицу. Истина, то баш и није лепо. Али данас постоји више начина на које се бубуљице могу савладати. Не одустај! Било би глупо да због њих добијеш комплексе.

Ти си на потезу!

☺ Нека ти пређе у навику да сваког јутра и вечери добро очистиш лице лосионом који смањује количину себума. С времена на време направи маску од глине и стави је како би очистила кожу.

Ти си на потезу! (наставак)

☺ Кад се бубуљице појаве, немој их цедити – могу да се упале! Дезинфикуј их и залепи преко њих фластер који ће их исушити.

Ти си на потезу! (наставак)

- Ако имаш много бубуљица, замоли маму да те одведе дерматологу који ће ти препоручити ефикасну терапију.

- Немој их скривати дебелим слојем течног пудера зато што он додатно спречава кожу да дише. Изабери у апотеци неку лековиту крему у боји коже, која ће истовремено и скривати бубуљице и лечити кожу. Бубуљице можеш прекрити и коректором.

- Реагуј брзо! Што пре почнеш да их лечиш, мање ћеш их имати.

- Не паничи превише. Ако се будеш добро старала о својој кожи, бубуљице ће нестати. То је само ружна пролазна фаза.

ЗЛАТНО ПРАВИЛО

Не дај да ти бубуљице загорчају живот!

Ноге су ми длакаве, па се не усуђујем да носим сукњу

Раст длака, као и избијање бубуљица, зависи од хормона. Ако ти се те длаке не свиђају, постоје средства помоћу којих можеш да их уклониш, али о томе треба да поразговараш с неком одраслом особом.

У нашој култури највећи број жена депилира ноге, за разлику од мушкараца. Сматра се непристојним да нека девојка

има длакаве ноге. Зашто? Ко зна... У неким земљама жене не уклањају длаке с ногу и то никоме не смета. То је ствар традиције... Ти свакако желиш да будеш у складу са средином у којој живиш, да осећаш како си лепа и да носиш сукњу или бермуде. Било би блесаво да од било чега одустанеш због неколико длака.

Ти си на потезу!

☺ Да ли си разговарала с мамом о том проблему? Шта она о томе мисли? Свакако јој нагласи да те то оптерећује – она ће ти сигурно помоћи да нађеш решење. Може, на пример, да те одведе код козметичара на депилацију или да ти предложи избељивање како би се длаке мање виделе. У сваком случају, потребна ти је нека одрасла особа за сваки од тих подухвата.

☺ Не покушавај да тај проблем решиш сама помоћу бријача. Можеш да се посечеш, а длаке ће ти после тога врло брзо поново израсти!

Ти си на потезу! (наставак)

- Шта раде твоје другарице? Да ли само ти имаш тај проблем? Очигледно си развијенија, али не брини! За годину или две све девојчице из твог разреда суочиће се са истим проблемом.

Ти си на потезу! (наставак)

- Немој много да се секираш, никад нећеш бити длакава као мушкарац. Длакавост је код жена увек слабије изражена.

- Твоја мама сматра да си премлада за депилацију? У том случају, носи непровидне хулахопке или мало дуже сукње. Међутим, било би боље да се договориш с њом. Затражи помоћ оних око себе.

ЗЛАТНО ПРАВИЛО

Не прави проблем због длака – решење постоји!

Плашим се да ћу се превише угојити

Ако се храниш нормално, не једеш превише слаткиша, а помало се бавиш и спортом – сигурно нећеш постати дебела.

Одакле ти тај страх? Да ли је неко у твојој породици претерано дебео? У том случају, можда је потребно да се јавиш лекару јер адолесценција је доба у којем заиста постоји ризик од гојења. Али ако у твојој породици нема дебелих, нема никаквог разлога да се плашиш.

Твоја мајка је помало опседнута тежином, па ти можда мислиш да су све жене у неком тренутку изложене ризику од гојења уколико непрекидно о томе не воде рачуна. То што се твоје тело мења, што ти се бокови заобљују – то је нормално. Те облине значе да си на путу да постанеш девојка, а не да се гојиш! Немој да се упоређујеш с другарицама код којих те телесне промене још нису започеле... Тачно је да су данас у моди девојке мршаве као чачкалице. У часописима можеш да видиш манекенке без бокова, без икаквих облина и, у поређењу с њима, сматраш да си помало буцмаста. Треба да знаш да те девојке често имају велике проблеме са исхраном. Због свог посла морају да личе на чивилуке – да би други маштали о томе да имају одећу која је на њима. Те девојке веома су мршаве, али се њихове слике понекад и додатно ретуширају. Скине им се понеки центиметар са свих делова тела како би изгледале још тање. Као што видиш, те девојке у стварности заправо не постоје.

Ти си на потезу!

☺ Избегавај да једеш слаткише током целог дана и грицкаш чипс удобно смештена испред телевизора или док радиш домаћи. Нема ничег горег за линију! Али, ако једеш нормално, можеш се почастити лепим колачем с времена на време или слаткишима на неком рођендану, а да се због тога не угојиш.

Ти си на потезу! (наставак)

☺ Заиста имаш неколико килограма вишка – око струка ти стоји мали појас за спасавање? Замоли родитеље да те одведу код лекара који ће те посаветовати како да мало смршаш. Он ће хтети да сазна како се храниш и свакако ће ти препоручити да мало измениш навике.

Ти си на потезу! (наставак)

Немој нипошто сама да почнеш да држиш дијету, а немој ни да слушаш савете из часописа! Нећеш успети трајно да смршаш, а постоји ризик да постанеш опседнута храном уколико уведеш превише забрана. У твом узрасту потребно је да једеш све да би наставила да растеш.

Можда имаш мало шира рамена или тешке кости, па никад нећеш бити тако ситна као твоја другарица Ана. Свака девојчица другачије је грађена. Не бори се против своје природе – боље је да пронађеш стил одевања који ти одговара.

ЗЛАТНО ПРАВИЛО

Можеш да будеш привлачна и ако ниси грађена као манекенка.

Сви ме посматрају као промашеног дечака

У твом начину говора и одевања постоји нешто због чега подсећаш на дечака. Било да то радиш намерно, било случајно.

Можда се сада осећаш помало неугодно у свом телу. Више би волела да си међу дечацима, који се спорије развијају – то те мање плаши. Разумемо те, све те промене

су тешке и потребно је време да би се прихватиле (види: *Упомоћ, моје груди расту!*). Да ли у твојој породици сматрају да су дечаци важнији од девојчица? Имаш утисак да је боље бити дечак и да дечаци имају већу слободу. А и не желиш да се заглупљујеш свим тим женским будалаштинама које ти се чине *њањавим*. Више волиш спорт него шминкање. Сматраш да је глупо да сате проводиш пред орманом бирајући шта ћеш да обучеш. И имаш право, нема сврхе да се присиљаваш на нешто што ти се не допада. Ипак, знај да постоји хиљаду и један начин да се буде девојчица! Не мораш да усвојиш понашање дечака... Запитај се шта би могла да промениш у свом понашању да би се према теби понашали другачије. Каква девојка желиш да постанеш?

Ти си на потезу!

☺ Посаветуј се с неком добром другарицом. Замоли је да пође с тобом кад идеш у шопинг. Могла би да одабереш неки дукс или неку удобну одећу која је мало женственија.

Ти си на потезу! (наставак)

Заиста више не мораш да имаш сасвим кратку косу. Једнако је практично и ако је дуга, па је носиш везану. Уопште нећеш морати да одустанеш од свог омиљеног спорта!

Ти си на потезу! (наставак)

Размисли о свом начину говора. Ако стално изговараш ружне речи, сви ће бити шокирани. У нашем друштву дечаци су ти који се чешће изражавају ружно.

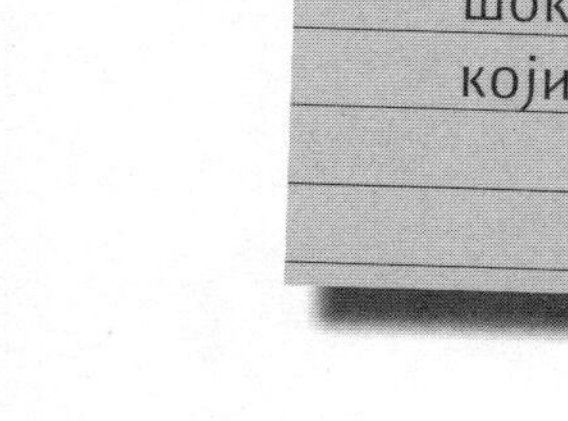

ЗЛАТНО ПРАВИЛО

Не имитирај дечаке због страха да си „промашена“ девојчица!

Имам само браћу

Живиш у свету мушкараца. Сви око тебе имају интересовања другачија од твојих. А то није увек лако преживети.

Велики проблем је то што никада не долази на ред оно што тебе занима. Што је још горе, често је то предмет исмевања – твоја браћа подсмевају се ономе што читаш, музици коју слушаш... Искрено речено, то је

непријатно. Али има и добрих страна. На пример, ти знаш боље од својих другарица које имају само сестре како функционишу дечаци. Они често непосредније и једноставније комуницирају – с њима увек знаш шта није у реду. Најзад, твоја велика предност – једина си девојчица у породици! Татина си миљеница (наравно...) и у том мушком свету сигурно имаш великог савезника у својој мами!

Ти си на потезу!

- Можда ти помало недостаје женско друштво. Нађи прилику да позовеш у госте другарице или рођаке. Твоји родитељи свакако ће разумети твоје потребе.

- Не тражи од браће да се укључе у твој девојачки свет. Не треба њих да питаш да ли да обучеш дугу или кратку сукњу за журку. Сачувај та питања за маму или за другарице.

Ти си на потезу! (наставак)

Можда је за тебе најтеже да сачуваш своју приватност. Погледај поглавље *Нико не поштује моју приватност*.

Ти си на потезу! (наставак)

Упиши се у неки плесни клуб, на уметничко клизање или ритмичку гимнастику. То су активности у којима девојчице представљају већину и то ће ти се свидети!

ЗЛАТНО ПРАВИЛО

Остани девојчица у својој породици, у којој су дечаци већина!

Моји родитељи не желе да се шминкам

Твоји родитељи страхују да би могла да изгледаш старије. Не раде то да би те наљутили, већ да би те заштитили.

Замисли себе на њиховом месту. Пре само неколико месеци била си бубамара на школској приредби, а сад одједном

хоћеш да намажеш уста црвеним кармином и да тако одеш у школу. Они су помало збуњени. Одакле ти та изненадна жеља да се шминкаш? Осећаш да си на путу да постанеш девојка и одједном би додала нешто да би се то што више видело? Или желиш да личиш на своју мајку или старију сестру? Потпуно је нормално то што желиш да одрастеш. Али имај ово на уму: шминка мења твој изглед и може да доведе до тога да изгледаш као да имаш шеснаест година, а имаш само дванаест. Постоји и ризик да привучеш поглед који ти неће пријати. А да не говоримо о томе да ћеш можда изазвати добацивања у школи или на улици. Када се приказују године које се у ствари немају, често настаје проблем... Мислиш да ћеш бити много лепша и да ћеш се више свиђати дечацима ако ставиш течни пудер на лице? То уопште није сигурно.

Ти си на потезу!

☺ Питај родитеље да ли смеш да се нашминкаш за неку посебну прилику (за неку прославу, журку), а не за одлазак у школу.

Ти си на потезу! (наставак)

Изабери дискретну шминку да би се твоја околина полако привикла на то: безбојни сјај за усне и мало руменила на образима уместо јарког ружа и црне оловке око очију. Играј на природност. Уосталом, то и јесте циљ шминкања – да будеш лепа а да се не види како си то постигла.

Ти си на потезу! (наставак)

Навикни се да негујеш своју кожу сваког дана. То је ефикасније од мацкања лица течним пудером. Ако имаш понеку бубуљицу коју желиш да сакријеш, боље је да користиш неку лековиту крему која истовремено негује и прикрива (види: *Сва сам бубуљичава*).

Чиста коса и добро опрани зуби допринеће твојој лепоти и твом самопоуздању више него шминка!

ЗЛАТНО ПРАВИЛО

Управо се маскирањем човек открива.

Белешке

Белешке